Herbert Eigner

Die Zeit der großen Suche

Advent und Weihnachten
zwischen Glitzerwelt
und stiller Einkehr

echter

Inhalt

Vorwort

Dieses Jahr versuchte ich mich besonders intensiv auf das Weihnachtsfest vorzubereiten.

Ich bemühte mich, innezuhalten, stillzustehen. Und trotzdem weiterzugehen.

Ich bemühte mich, die über Weihnachten hinausreichende Dimension des Advents zu erfassen.

Ich las viele Bücher: religiöse Begleiter durch den Advent, Bücher über Weihnachtsbräuche aus aller Welt, *Der Heilige Abend* von Adalbert Stifter und so weiter und so weiter. Ich blätterte auch ab und an in der Bibel.

Ich stimmte mich musikalisch auf das Fest ein: Bing Crosby, Bob Dylan, Lechner und Trabitsch, Weihnachtslieder aus den Balkanländern, Johann Sebastian Bach und noch vieles mehr.

Ich versuchte bei meinen Vorweihnachtslesungen dem Advent eine Stimme zu geben.

Und ich schrieb an diesem Buch.

Versuche allesamt. Versuche, einen Weg zur Weihnacht zu finden.

An Heiligabend musste ich bis zu Mittag arbeiten, dann besuchten meine Partnerin und ich meine Familie und im Anschluss ihre. Zusammensein ohne Hektik, ohne Druck.

Rückblickend aber waren die Adventszeit und die Versuche, mich auf das Weihnachtsfest vorzubereiten, das tiefere Erlebnis als der Heiligabend selbst.

Vielleicht habe ich an Heiligabend – im Gegensatz zu den Wochen davor – zu wenig versucht.

Vielleicht.

Nein, ganz sicher habe ich zu wenig versucht. Ich habe bereits an Heiligabend aufgehört, den adventlichen Weg zu gehen, der der Weg eines ganzen Lebens ist.

Der Ertrag meiner Versuche ist diese Sammlung von Geschichten, Gedanken und Gebeten. Zwischen Glitzerwelt und stiller Einkehr ist es oft nicht so leicht, einen Weg durch die Weihnachtszeit zu finden. Das Buch soll den Leserinnen und Lesern ein Begleiter sein durch diese Zeit der großen Suche; ein Begleiter, der zu Widerspruch und gedanklicher Weiterführung herausfordert, denn ein bequemer Weg ist jener durch die Advents- und Weihnachtszeit nie.

★★★

Advent:
Ankunft und Weg,
ein weiter Weg,
ein Weiterweg.

Suche

Er und seine Frau sitzen bei der Weihnachtsfeier seiner Firma. Nach der dritten Schönrede wird endlich das Buffet eröffnet. Eine lukullische Demonstration der Standfestigkeit des Betriebes auch in Krisenzeiten.

Während von allen anderen das Buffet bestürmt wird, bleiben er und seine Frau auf ihren Plätzen. Sie haben kein Wort von den Ansprachen wahrgenommen. Und das Buffet ist ihre geringste Sorge. Sie haben keine leichten Wochen hinter sich. Dass sie heute mit ihm da ist, als Ehefrau und überhaupt: ein Vorweihnachtswunder. Es ist viel passiert. Zu viel. Geheimnisse, Verletzungen, Zweifel.

Doch die beiden haben erfahren: In der Liebe kann nicht zu viel passieren. Es kann nur zu viel zugelassen werden. Oder zu wenig.

Der Advent ist die Zeit der großen Suche. Der Suche nach einem Weg. Nach einem Selbst. Nach dem Anderen. Nach einem Anderen. Nach Nähe. Bis man ankommt. In der Suche. Die immer weiter geht. Weil die Liebe nie aufhört.

Und während alle den Firmenreichtum in sich hineinstopfen, sehen sie und er einander an. Sehen sich an. Und suchen. Zusammen einander.

★★★

Herr,
ich habe dich gesucht, als ich mich einsam fühlte.
Ich habe dich gesucht, als ich meine Lieben betrog.
Ich habe dich gesucht, als mich meine Liebe verlassen wollte.
Aber ich habe es nicht geschafft, mich von dir finden zu lassen.

Ende eines langen Tages

Zehn Uhr abends. Ich sitze an meinem alten Schreibtisch und tippe in meinen neuen Laptop. Außer einer Kerze brennt kein Licht. Im Fenster ist nichts zu sehen als das Dunkel der Nacht. Obwohl ich immer mit Musik schreibe, bleibt der Plattenspieler heute stumm.

Der Tag war lang. Ich bin seit halb sechs Uhr morgens auf den Beinen und gerade von einer Lesung heimgekommen. Die erste in diesem Advent. Die U-Bahn verkehrte nur in unregelmäßigen Abständen und war dementsprechend überfüllt. Die Lesung hielt ich im Rahmen eines großen Weihnachtsmarktes in einem Innenstadtpalais. Verglichen mit der Menschenmenge auf dem Markt war die U-Bahn noch dünn bevölkert. Ich ließ mich widerwillig zum Eingang des Palais und durch die Räume schieben, bis ich irgendwann in den Leseraum, den so genannten Rittersaal, gespült wurde, wo nicht nur die Bühne, sondern auch ein Café eingerichtet war. Ein ständiges

Kommen und Gehen während der Lesung war vorprogrammiert.

Da ich noch Zeit hatte, sah ich mich ein wenig um und kaufte ein bisschen ein. In den Räumen war es gefühlte fünfzig Grad heiß und ich war zu warm angezogen. Kurz vor der Lesung kehrte ich in den altehrwürdigen holzgetäfelten Saal zurück, wo sich die Harfenistin, die die Lesung begleiten würde, schon vorbereitete. Wir hatten bereits vor Jahren einmal zusammengearbeitet. Die musikalische Abstimmung mit meinen Texten war wie erwartet problemlos. Noch einfacher gestaltete sich die Lesung. In der einen Stunde, die ich zur Verfügung hatte, war das Publikum trotz Kommen und Gehen immer aufmerksam und hörte zu. Für solche gelungenen Abende kann man nur dankbar sein.

Jetzt sitze ich an meinem Schreibtisch, meine Augen sind müde, brennen ein bisschen und leichtes Kopfweh sagt mir: „Mach Schluss für heute". Zeit, die Kerze auszublasen. Und zum Fenster hinauszusehen in die Nacht.

Ich mag Nächte, vor allem Winternächte. Ich überlege, ob ich noch mal rausgehen soll. Es weht ein kalter Wind. Und ich verspüre das Verlangen, jetzt einen Spaziergang zu machen. Ich möchte mich noch ein bisschen loslassen. In der Nacht, die mich beschützt. Die Nacht ist ein Mantel. Die Nacht bringt Klarheit. Die Nacht vermittelt mir mütterliche Weisheit und väterliche Geborgenheit. Aber ich glaube, für heute genügt es, mich in den Nachtausschnitt des Fensters zu versenken.

Mit dem Schein der Kerze im Augenwinkel. Und „danke" zu sagen.

***

Viele haben Angst in der Nacht.
Vielen ist die Dunkelheit unheimlich,
macht sie unsicher.
Dennoch feiern wir in einer Nacht
eines unserer größten Feste:
die Weih-Nacht.
Ein Lichtfest,
das Fest des Lichts der Welt,
dessen Schein uns kündet:
Es gibt nichts Absolutes in unserem Erdenleben,
auch keine totale Finsternis.

Winterwanderung

Die Berge rings um mich schweigen. Die Bäume raurei-fen still in die erstarrende Nebelluft hinein. Ich gehe einen Weg, weiß und breit. Ich gehe ihn, als schwebte ich. Be-freit von aller Menschenzeit. Ich kann mich wieder bewe-gen. Nach meinem Zusammenbruch. Burnoutdepression.

Jetzt, hier auf diesem Weg, der immer schmaler wird, geht es nicht mehr wie im Arbeitsalltagsleben darum, den Gipfel zu erreichen, sondern sich aus der Erstarrung zu tauen und zu gehen. Einfach nur zu gehen. Den Gipfel zu vergessen. Denn, das weiß ich jetzt: Solange ich, jeden Tag aufs Neue, meinen Glauben an Gott nicht aufgebe, habe ich schon etwas erreicht. Den, der mich jeden Tag aufs Neue prüft, kann ich im Gegensatz zu meinem Arbeits-platz auch nicht verlieren. Wenn ich gehe, trägt er mich. Und schenkt mir den Mut, mir zu sagen: So kann ich nicht weiter. So will ich nicht weiter. Es gibt einen anderen Weg. In mir. Ich brauche mich nicht zu verstellen, wenn ich ihn gehe. Ich brauche mich überhaupt nie zu verstellen. Ich habe auch keine andere Wahl, wenn ich nicht draufgehen will. Wenn ich mein bisheriges Leben ändern will, muss ich mich von einem Teil von mir befreien. Ohne mich zu verlieren. Nur so kann ich lernen, mir zu verzeihen. Mir zu vergeben. Und nur so kann ich nicht verzweifeln. Zum Verzweifeln habe ich vielleicht ab und an einen Grund, aber auf Dauer kein Recht. Und wenn ich mich fallen lasse, ganz fallen lasse, dann muss ich eine Rechnung zahlen, die das Leben kostet. Und mehr. Deshalb:

Vergib mir, Herr,
vergib: dem Verzweifelten, der hochmütig Schutz suchte.
Vergib mir, Herr,
vergib: dem Ertrinkenden, der sich in Agonie treiben ließ.
Vergib mir, Herr,
vergib: dem Verletzten, der aus der Ungeduld seines Herzens Mitfühlen in Mitleiden verwandelte und sich und seine Lieben unsäglich verletzte.
Vergib mir, Herr,
vergib: dem wissenden Kämpfer, der gegen, aber nicht mit sich kämpfte.
Vergib mir, Herr,
vergib: dem Blinden, der sah und nicht sehen wollte.
Vergib mir, Herr,
vergib: dem Melancholiker, der die Gegenwart nicht lebte und die Zukunft vergänglichte.
Vergib mir, Herr,
vergib: dem Egomanen, dem kraftlos Entkräftenden.

Ich komme am Berggipfel an. Und auch wenn jetzt nicht der Nebel unter mir liegen würde und ich den Gipfel nicht erreicht hätte: In der Einsamkeit der Berge kommen einem so manche Einsichten. Die spätestens beim Abstieg zu Erkenntnissen werden: Es reicht nicht, am Gipfel anzukommen. Man muss auch wieder zurückgehen. Wenn man denkt, alles erreicht zu haben, ist es oft weniger, als man sich erhofft hat. Wenn man denkt, man ist am Ende der Welt angelangt, ist das schon ein neuer Lebensanfang. Wenn man überhaupt nichts mehr versteht, begreift man irgendwann: Alles hat einen Sinn. Und man atmet, wo immer man gerade ist, die Luft der Ringsumberge und der Raureifbäume.

Als ich wieder im Tal ankomme, weiß ich: Glaube ist kein Konstrukt, das man sich zurechtlegt, um in dieser Welt irgendwie über die Runden zu kommen. Glaube ist Überleben. Glaube ist Leben.

***

Herr,
ich danke dir.
In Zeiten
großer Schwäche
ließest du mich
meine größte Schwäche fühlen:
meine Schwächen verleugnet zu haben.
Und machtest mich wieder stark.

Zeit

„Sehen wir uns vor Weihnachten eh noch?"

Ständig bekomme ich diese Frage gestellt. Und jedes Mal möchte ich gegenfragen: „Und was, wenn nicht?"

„Sehen wir uns vor Weihnachten eh noch?"

Da kriegt man es ja mit der Angst zu tun. Das klingt so, als bräche zu Weihnachten die Apokalypse über uns herein.

„Sehen wir uns vor Weihnachten eh noch?"

Diese Frage ist eine Aufforderung, dass man sich vor Weihnachten unbedingt noch sehen *soll*. Ja, *muss*. Aber warum, vermag wohl kaum jemand zu beantworten.

„Sehen wir uns vor Weihnachten eh noch?"

Mir verursacht diese Frage Stress. Was vor Weihnachten nicht alles noch sein und erledigt werden muss: Jahresabschlüsse, Weihnachtsfeiern, Geschenke kaufen, Geschenke einpacken, Kekse backen, diese und jenen treffen und so weiter und so fort. Und dann wird man noch ständig gefragt: „Sehen wir uns vor Weihnachten eh noch?" – Das Gefühl, in der Adventszeit ständig etwas zu verpassen, macht sich breit und weitet sich mitunter zu Panik aus.

„Sehen wir uns vor Weihnachten eh noch?"

Das nächste Mal, wenn ich das gefragt werde, antworte ich: „Nicht vor, *zu* Weihnachten." Bin schon sehr gespannt auf die Reaktion.

★★★

Nicht, sich Zeit nehmen.
Sich Zeit geben.
Mir Zeit geben.
Um sie mit anderen zu teilen.

Weihnachtseinkäufe

Weihnachtsgeschenke für meine Lieben besorge ich vorzugsweise erst ein paar Tage vor dem Fest. Obwohl ich sonst größere Menschenansammlungen meide, begebe ich mich dann gerne ins Getümmel der größten Einkaufsstraße meiner Stadt. Da stört mich auch das Gedränge in den Geschäften nicht. Das gehört eben dazu, zum Christmas-Shopping. Das mich dann auch in keiner Weise stresst. Im Gegenteil: Ich genieße den Trubel. Für mich ist das Herumgewusel in der Einkaufsstraße kein zielloses Gehetze, sondern ein Aufspüren von Schätzen, für meine Familie und Freunde. Auch wenn die Schatzsuche manchmal ganz anders ausfällt als geplant. Denn hin und wieder passiert es mir, dass ich während meiner Suche die zu Beschenkenden völlig aus den Augen verliere, weil ich ständig etwas entdecke, das ich selbst gerne hätte und es mir auch gleich kaufe. Da kann es dann schon vorkommen,

dass ich mit zahlreichen Säckchen und Päckchen heim-
kehre, die nur Dinge für mich beinhalten.

In solchen Fällen schäme ich mich schon ein bisschen,
denke mir aber, es ist in Ordnung, wenn ich das ab und zu
mal tue. Am nächsten Tag finde ich mich ohnehin wieder
in der Einkaufsstraße, um die eigentlichen Schätze, die für
andere, zu besorgen.

★★★

Herr,
hilf mir, den Egoismus,
der meine Mitmenschen übergeht und unterwirft,
zu unterscheiden
von dem Egoismus, den ich brauche,
um ich zu sein
für die anderen.

Das Geschenk

Eines der schönsten Geschenke, das mir je gemacht wurde, habe ich nie bekommen. Das wäre ein Bob-Dylan-Poster gewesen, das in einem Lokal hing, in dem eine Freundin mit einigen ihrer Freunde ein paar laute und lustige Stunden verbracht hatte. Weit nach Mitternacht und noch weiter über dem Promille-Meridian, der die Grenzen zwischen klarem Denken und rauschverhangenem Übermut bildet, beschloss sie, das Poster von der Wand zu nehmen, um es mir zu schenken. Ohne allerdings die Geschäftsführung oder das Personal davon in Kenntnis zu setzen. Nachdem sie es irgendwie geschafft hatte, das Poster – ohne dass es Risse bekam – abzunehmen, beförderte sie es hochspannungsschweißgebadet unter ihrem Wintermantel aus dem Lokal – ohne es zu zerknittern. Es gelang ihr darüber hinaus auch noch, das Poster auf dem Weg zur Busstation trocken zu halten, obwohl es stark schneite. Leider ließ sie es dann aber an der Haltestelle liegen.

Als sie mir das erzählte, war ich keine Sekunde enttäuscht darüber, dass ich das Dylan-Poster nicht bekommen hatte. Ich hätte es an die bis heute freie Stelle an der Wand in meinem Arbeitszimmer gehängt. Es würde an meiner Wand kleben, und ich würde es vielleicht gar nicht mehr wahrnehmen. So aber weiß ich gar nicht, wie es ausgesehen hat, und ich stelle mir immer wieder ein neues Poster vor, das da an der freien Stelle meiner Wand hängen könnte. Das ist viel mehr als ein real existierendes Poster. Nicht das Poster, der Versuch, es für mich in Beschlag zu nehmen und mir zu schenken, war das ungleich größere Geschenk.

Wenn meine Freundin aber wieder einmal ein Poster für mich stehlen möchte und es eines von Bruce Springsteen ist, dann möge sie es bitte, bitte nirgendwo liegen lassen.

★★★

Das größte Geschenk:
„danke" sagen zu können.

Geld

Es ist eine der ältesten moralistischen Botschaften (nicht nur) der Literaturgeschichte: Geld allein macht nicht glücklich. Wie viele Geschichten, Parabeln, Bücher gibt es wohl, die diese Weisheit tradieren?

Ich bade nicht gerne in Allgemeinplätzen, aber eines Tages wurde ich selbst Protagonist einer solchen Geschichte.

Es war vor ein paar Jahren. Ich ging zur Bank, hob Geld ab und überprüfte zugleich meinen Kontostand, um zu sehen, ob mein Lohn bereits überwiesen worden war. Ja. Alles da. Doch als ich sah, wie viel ich diesen Monat erwirtschaftet hatte, dachte ich mir, was ich ohnehin wusste: „Ich verdiene echt wenig" (obschon mein Halbtagsjob bei einer caritativen Organisation im Bereich „Essen auf Rädern" für eine Teilzeitbeschäftigung eigentlich ganz gut entlohnt war). Danach fuhr ich zu Bekannten, die mich zu einer Jause eingeladen hatten.

Ich war nicht der einzige Gast. Ein ziemlich wohlhabendes Ehepaar aus der Baubranche war auch zugegen. Außer dem Bauunternehmer kam kaum einer zu Wort, denn dieser versuchte meine Bekannten − ihrerseits mit einem sehr großen und florierenden Betrieb finanziell ebenfalls mehr als nur abgesichert − ständig dazu zu überreden, über Weihnachten und Silvester in ihr Haus auf einer Karibikinsel zu kommen. Was meine Bekannten, wie sie mir später − als wir schon allein waren − gestanden, partout nicht wollten. Was sie aber noch weniger wollten, war, den Bauunternehmer zu vergraulen. Womöglich konnte man ihn noch für den einen oder anderen Auftrag brauchen, wobei natürlich auf besonders günstige Konditionen zu hoffen ist. Außerdem würden sich durch nähere Bekanntschaft sicher viele gesellschaftliche Connections ergeben. Wenn man sich einmal finanziell in gewissen Kreisen bewegt, muss man das eine oder andere Spiel einfach mitspielen, um am Ball zu bleiben, auch wenn man gar nicht will. Für meine Bekannten war die Entscheidung, das Angebot anzunehmen oder abzulehnen, nicht nur eine gesellschaftliche Zwickmühle; es war ein echtes Problem.

Als ich daheim noch einmal einen Blick auf meinen Kontoauszug machte, war ich sehr froh, weder einen großen Betrieb zu führen noch irgendwelche High-Society-Verpflichtungen zu haben und „echt wenig" zu verdienen.

★★★

Ein Kind,
das im Wald,
auf einer Wiese
oder an einem Bach spielt,
braucht kein teures Spielzeug,
es braucht gar keines.
Warum glauben wir,
immer Geld brauchen zu müssen?

Schlichtheit

Jedes Wort, das man gegen den Konsumsog der Vorweih-
nachtszeit schreibt, ist in Gefahr, zur hohlen Phrase zu er-
starren und unglaubwürdig zu wirken, noch ehe es zu
Papier gebracht worden ist. Wie es die Medien sind. Die
auf der einen Seite Schlichtheit und Stille propagieren, auf
der anderen Seite jedoch von Umsatzerwartungen und
Verkaufsrekorden oder Pleiten künden.

Ich kann das nicht mehr hören. Mir ist es völlig egal, wie
viel jede oder jeder pro Kopf für Weihnachtsgeschenke
ausgibt. Das interessiert mich nicht. Ich kann für mich kei-
nerlei Nutzen daraus ziehen. Es schwirrt höchstens noch
eine Information mehr in meinem Kopf herum.

Und was ich auch nicht mehr hören kann, ist, was zu
Weihnachten nicht alles zählt: Schlichtheit, Stille, Besinnlichkeit. Bla bla bla.

Doch so sehr dieses verbale – und oftmals aufrichtige –
Reiten gegen Windmühlen auch an meinen Nerven zeh-

ren mag, es hat seine Berechtigung. Weil es in letzter Konsequenz schlicht und einfach wahr ist.

Als ich noch ein Kind war, sah ich im Fernsehen einmal einen Bericht über einen alleinlebenden Bergbauern und wie er Weihnachten feierte. Ich kann mich nicht mehr erinnern, ob er einen Baum hatte und was er an Heiligabend sonst so machte, ich weiß nur noch, dass er sich irgendwann im Tal ein neues Hemd gekauft und gleich in Geschenkpapier eingepackt hatte. An Heiligabend packte er es dann feierlich aus – mit echter, inwendiger Freude.

Ich war damals sehr berührt und bin es immer noch. Nie hat mich die Tatsache betrübt, dass dieser Bauer Weihnachten ganz alleine gefeiert hatte, er war ja zufrieden. Mit sich, der Welt und dem Geschenk. Das im wahrsten Sinn des Wortes *sein* Geschenk war.

Einkehr, Schlichtheit, Stille, ja selbst Besinnlichkeit: Diese Worte dürfen keine Phrasen sein. Auch wenn ich sie schon nicht mehr hören kann. Vor allem das eine Wort: Besinnlichkeit.

Aber warum nervt es mich so? Weil es auch wahr ist? Dann sollte es mich aber nicht nerven, sondern anspornen, es nicht zur Worthülse verkommen zu lassen.

Bei meinen Lesungen sind es oft die stillsten oder direktesten und schlichtesten Texte, die das Publikum am aufmerksamsten verfolgt. Die Menschen suchen und brauchen ruhige, inwendige Momente, Besinnlichkeit, Besinnung, denn was wir alle ohne Zweifel brauchen, ist: einen Sinn. Und der steckt in einem echten Geschenk, und sei es noch so einfach, genauso wie er in stillen Momenten mit einem selbst zu finden ist.

★★★

Ich sage nicht nein
zum Einkaufszentrumstrubel.
Ich sage nicht nein
zur Punschhüttengeselligkeit.
Ich sage nicht nein
zur Firmenweihnachtsfeier.
Ich sage aber auch nicht nein
zu einer brennenden Kerze an meinem Schreibtisch,
zum Betrachten der dürren Äste vor meinem Fenster,
zum Überhören des Uhrzeigertickens.
Und ich sage nicht nein
zu dem Kind in der Krippe.
Ich sage ja.
Ja, dass Gott mit uns ist.

Angst

Der Advent war für mich als Kind eine aufregende, erwartungsvolle, aber auch eine stille Zeit. Damit war es ab meinem Eintritt ins Gymnasium vorbei. Die meisten Prüfungen, Tests und Schularbeiten ballten sich in der Adventszeit. Vor Weihnachten musste das erste Halbjahr so gut wie möglich abgeschlossen sein.

Obwohl ich stets versucht hatte, auf die anstehenden Prüfungen gut vorbereitet zu sein, war ich trotzdem nervös und angespannt. Nicht nur das. Ich hatte Angst. Angst, nicht alles zu schaffen. Angst, zu scheitern.

Die Adventszeit meiner Kindheit war vorbei. Sie wurde mir genommen. Aus heutiger Sicht hatte ich sie mir nehmen lassen. Ich hatte mir von einer Institution, vom Schulsystem, die Vorfreude auf das Weihnachtsfest nehmen und den Advent zu einer Angstzeit werden lassen.

Aber ich habe zurückbekommen, was ich verloren geglaubt hatte. Als ich eines Heiligabends die Krippe unter den Baum stellte und das in Windeln gewickelte Kind im Stall liegen sah, wehrlos, in Armut, doch lächelnd und ohne Angst, bereit, seinen widerstandsreichen Weg der Nächstenliebe zu gehen, da begriff ich: Das Kind in Betlehems Stall ist so unendlich viel stärker als jedes System. Als jede Angst.

★★★

Herr,
ich habe Angst
und sie nimmt kein Ende.
Herr,
gib mir die Stärke,
gib mir den Willen,
immer wieder durch die Angst hindurchzugehen.
Bitte, Herr,
hab kein Mitleid mit mir.
Bitte, Herr,
lass auch mich kein Mitleid haben mit mir.

Verlassen

Einkaufssamstag. Sie sitzt im Bett. Während draußen die Geschäftswelt tobt. Sie weiß nicht, wie spät es ist. Weiß nur, dass sie heute frei hat. Und einen Kater. Es wurde ziemlich spät letzte Nacht. Sie hatte ziemlich viel getrunken. Eine heftige Knutscherei gab's auch. Aber sonst ist nichts passiert.

Und jetzt sitzt sie in ihrem Bett und ihr fehlt etwas. Sie weiß aber nicht, was. Sicher nicht die schnelle Nummer, die sich aus der Knutscherei hätte ergeben können. Sie fühlt sich, als hätte sie ihr Partner, den sie so und so nicht hat und den sie auch nicht braucht, verlassen.

Sie sitzt schon recht lange in ihrem Bett. Weiß nicht, seit wann. Langsam wird sie hungrig, hat aber nichts zuhause. Um sich etwas aus dem Supermarkt zu holen, ist sie zu müde, und einen Pizzaservice kann sie sich eigentlich nicht leisten.

Sie sitzt weiter da. Kann nicht aufstehen. Sitzt da, sieht nicht fern, liest nichts, hört auch keine Musik. Sie sitzt nur da und denkt an nichts. Würde sie jetzt jemand etwas fragen, sie könnte keine Antwort geben. Sie hat nichts zu sagen. Weder sich noch anderen.

Spät in der Nacht sitzt sie immer noch im Bett. Sie könnte Geschenke kaufen gehen. Doch Weihnachten ist ihr gleichgültig. Und sie hat keine Kraft einzukaufen. Wie sie jetzt auch keine Kraft hat, die Wut, die gerade langsam aus ihrer übersäuerten Magenhöhle in ihren Kopf kriecht, ihrem Spiegelbild entgegenzuschleudern oder zumindest in die Welt hinauszuschreien.

Sie sitzt im Bett. Sie weiß nicht, wie spät es ist. Sie weiß nur, dass sie morgen nicht frei hat. Und dass ihr etwas fehlt, sie etwas ganz Großes vermisst. Und plötzlich beginnt sie zu weinen.

★★★

Wie lange noch, Herr, vergisst du mich ganz?
Wie lange noch verbirgst du dein Gesicht vor mir?
(Psalm 8,2)

Wie oft, Herr, fragst du mich wohl dasselbe?
Sicher öfter als ich dich.
Ich habe so viele Fragen an dich, Herr,
und hoffe immer auf Antworten.
Sollte ich nicht versuchen,
sie in deinen Fragen zu finden?

Brief

I.

Mit schwerer Hand gießt er sich seinen dritten Abend-
whisky ein. Er blickt auf einen arbeitsvollen Tag zurück.
Er hat heute viele Menschen getroffen. Jetzt ist er allein
und kann nicht weinen. Denkt viel nach, obwohl er gar
nicht will. Denkt an seine erwachsenen Kinder, an seine
geschiedene Frau, an seine verstorbenen Eltern. Und er
denkt auf einmal, dass sein letzter Brief ans Christkind
schon sehr lange her ist. Die Wünsche, die er jetzt hat, wä-
ren auch nicht zu erfüllen. Schon gar nicht vom Christkind. Er kann nichts ungeschehen machen. Und es muss
weitergehen. Es ist ja immer weitergegangen. Irgendwie.
Er gibt nicht auf. Nie. Aufgeben tut man einen Brief, wie
man so sagt.

Er trinkt sein Glas Whisky leer, setzt sich an seinen
Computer und beginnt einen Brief zu schreiben. Ans
Christkind.

2.

Er wacht auf. Sein Computer ist noch an. Er hat gestern
Abend ein bisschen zu viel getrunken. Er liest, was er in
seiner Whiskyumwölkung geschrieben hat. Es ist ein Brief
ans Christkind. Er liest ihn noch einmal. Und noch ein
drittes Mal. Dann klickt er auf „Speichern unter". Und
nennt die Datei: „Ich."

★★★

Glauben heißt:
auf Gott vertrauen.
Glauben bedeutet aber auch:
zu sich selbst stehen.

Räume

Der Advent gilt als die Zeit der Stille. Oft haben wir aber keine Zeit zur Stille. Weil wir die Stille nicht zulassen.

Für Stille brauchen wir Zeit. Für eine stille Zeit bedarf es einer Zeit-Stille. Und dafür müssen wir uns einen Raum schaffen. Oder mehrere Räume. Wir müssen Räume schaffen, um uns vor der Zeit zu verschließen. Um die Stille einzulassen. Dann können wir uns selbst begegnen. Und andere Menschen einlassen, zulassen. Jeder Mensch braucht einen Raum für sich, um den Nächsten oder scheinbar auch gar nicht so Nächsten einlassen zu können.

Räume schaffen heißt, einander die Hände zu reichen. Advent, die Zeit der Stille, ist auch eine Zeit des Schaffens von Räumen. Zeiträumen, Seelenräumen.

„Du hast mir Raum geschaffen, als mir angst war", heißt es im vierten Psalm. Gott schafft immer wieder Räume, aus denen wir rufen und uns selbst hören können. Und so

wie Gott uns Räume schafft, um zu uns zu gelangen,
schaffen auch wir uns Räume, um zu Gott vorzudringen:
Beträume, Kapellen, Kirchen. Orte der Stille, der Kon-
templation und der Reinigung. Doch egal, ob Kathedrale
oder Kapelle am Wegrand: die prunkvollsten und zugleich
schlichtesten Gottesräume sind wir Menschen.

***

Ich ließ meine Seele ruhig werden und still;
wie ein kleines Kind bei der Mutter
ist meine Seele still in mir.
(Psalm 131,2)

Die Seele ruhig werden lassen,
bis sie wie ein kleines Kind still ist in mir.
Die Seele ruhig werden und still sein lassen –
ein lebenslanger Arbeitsauftrag.
Vielleicht aber auch ein Neujahrsvorsatz,
ein Vorsatz, der Gewicht hat und leicht macht.

Unfall

Es ist jedes Jahr das Gleiche: Kaum hat der Advent begonnen, denke ich an vergangene Weihnachten und frage
mich, welches wohl mein schönstes Weihnachtsfest war.
Eine Frage, die ich nie beantworten kann. Jedes Weihnachtsfest war für sich schön – und doch gleichen sich die
Erinnerungen, zumindest jene an die Feste mit meiner Familie. Diese Heiligabende hatten allesamt den gleichen
unspektakulären, ganz und gar nicht stressbeladenen Ablauf. *Ein* Weihnachten ist mir dennoch in besonderer Erinnerung.

Es geschah vor vielen Jahren. An einem 24. Dezember.
Ich war damals sechzehn Jahre alt. Nachdem mein Vater
und ich – er mehr, ich weniger – am Vormittag alles für
das gemeinsame Essen und die Bescherung vorbereitet hatten, fuhren wir in die Stadt, um meine Mutter vom Büro
abzuholen. Auf der Autobahn überholten wir einen Sattelschlepper und plötzlich ... drehte sich unser Auto wie

ein Kreisel. Wir schleuderten über zwei Spuren und krachten in die Leitplanke. Das Auto Totalschaden. Mein Vater und ich unverletzt.

Ich empfand es als Wunder, dass keines der nachkommenden Fahrzeuge mit uns kollidiert war. Das war eine der wenigen Empfindungen, zu der ich fähig war. Es ging einfach zu schnell. Der Sattelschlepper scherte aus, versetzte uns einen Schlag, und schon schleuderten wir quer über die Fahrstreifen.

In diesem Moment dachte ich an nichts anderes als an dieses Schleudern. Angst hatte ich keine. Auch nicht beim Aufprall. Es spielte sich in mir kein Film ab oder so etwas. Und zum Beten war keine Zeit. Die Zeit, das Hier und Jetzt, waren während des Unfalls überhaupt seltsam ungreifbar. Ich war der Zeit wie enthoben. Und diese Wirkung hielt an. Trotz Totalschaden und dem Entkommen einer schweren Verletzung oder Schlimmerem konnte ich das vorbereitete Essen genießen und mich auf die Bescherung freuen. Doch als wir anhoben, *Stille Nacht* zu singen, kam ich an: im Hier und Jetzt. Der Schock, von dem ich dachte, er sei nicht sehr groß, ließ von mir ab. Ich fiel zurück in die Zeit und begriff: Das war verdammt knapp heute. Ein heftiges Gefühl und zugleich auch eine große Erleichterung.

Trotz der schrecklichen Ereignisse denke ich gerne an dieses Weihnachten zurück, endete der Advent nicht nur mit der Ankunft von Jesus, sondern auch mit meiner eigenen. In meiner Zeit.

★★★

Wenn ich rufe, erhöre mich,
Gott, du mein Retter.
(Psalm 4,2)

Erhöre mich, Gott, auch wenn ich nicht rufe,
denn dann brauche ich dich umso mehr.

Ego

In den antiken Tragödien sollte – nach den Überlegungen des Aristoteles – das Publikum eine Katharsis, eine seelische Reinigung, erfahren. Ob das auch für die Schauspieler gilt, hat er, meines Wissens, nicht ausgeführt.

Vor ein paar Jahren wurde ich eingeladen, beim Adventskonzert des Chores meiner Pfarre in der Pfarrkirche eine kleine Lesung zu halten. Ich bereitete einige Texte aus fremder und eigener Feder vor. Doch während des Auftritts warf ich – wie so oft – mein Programm über Bord und las etwas anderes, das ich mir noch kurz vorher zurechtgelegt hatte, und improvisierte.

Anfänglich hielt ich mich noch an meine Leseliste. Während eines längeren Musikblockes dachte ich mir allerdings, dass ich eigentlich das *Vater unser* vortragen könnte. Dieser zentrale Text des christlichen Glaubens passte meiner Meinung nach besser in die Adventszeit als jeder andere – und ist darüber hinaus ein wunderschönes

Stück Weltliteratur. Ich wog ab, ob ich das Gebet aus dem Gedächtnis rezitieren sollte – ich kannte und konnte es ja seit Kindestagen (eines der wenigen Gebete, die ich auch auswendig kann). Der Gedanke, diesen Text zu bringen, war aufregend, zumal ich fühlte, dass ich das ganz gut hinkriegen und sicher auch Lob einheimsen würde. Ein Künstler ist ja, wie Georg Danzer einmal sagte, immer ein Egomane. Sonst würde er sich nicht auf die Bühne stellen. War mir der Vortrag des *Vater unser* also wirklich Bedürfnis oder bloße Ego-Befriedigung?

Als ich wieder an der Reihe war, wagte ich es: Ich kündigte einen Text an, der zu den größten der Weltliteratur gehört, fügte ironisch hinzu, dass es sich aber um ein recht unbekanntes Stück handelte. Dann ließ ich meiner Stimme freien Lauf, das heißt vielmehr: Die Worte ließen meine Stimme laufen. Ich spürte keinen Hauch Selbstverliebtheit, nicht eine Spur Egomanie. Ich hörte mich nicht mehr. Da waren nur die Bibelworte in mir und im ganzen Kirchenraum. Da war kein Platz für mich. Das *Vater unser* wurde Raum. Ich war nur der Bote.

Als ich endete, war ich wieder Künstler, und als mir das Publikum nach dem Konzert gratulierte, war ich natürlich auch Egomane. Aber für ein paar Momente war der Egomane entschwunden. Und das während eines Auftritts. Ich glaube, das war echte Katharsis.

***

Vater unser im Himmel,
geheiligt werde dein Name.
Dein Reich komme,
dein Wille geschehe
wie im Himmel,
so auf Erden.
Unser tägliches Brot gib uns heute,
und vergib uns unsere Schuld,
wie auch wir vergeben unseren Schuldigern.
Und führe uns nicht in Versuchung,
sondern erlöse uns von dem Bösen.
Denn dein ist das Reich und die Kraft und die Herrlichkeit in Ewig-
keit.
Amen.

Der Weihnachtsklick

Sie steht an der Busstation und wartet. Wischt an ihrem Smartphone herum, verfacebookt sich die Zeit.

In zwei Wochen ist Heiligabend. Sie hat schon das eine und andere Geschenk besorgt. War mit Freunden auf einigen Weihnachtsmärkten. Aber so recht in Stimmung ist sie noch immer nicht. Sie weiß auch nicht, wieso.

Es gibt ja diesen Moment, in dem man in Weihnachtsstimmung kommt. Schon klar, die Weihnachtsstimmung muss sich aufbauen. Aber irgendwann kommt der Moment, in dem es klick macht, und es ist Weihnachtszeit – nicht nur in den Geschäften oder in der Werbung.

Plötzlich wird das Smartphone-Display schwarz und bleibt es. Nichts mehr zu machen. Sie wird wütend. Und der Bus – wann kommt der endlich? Sie geht ein paar Schritte auf und ab, sieht durch das Schaufenster der Bäckerei neben der Haltestelle. Zwei Männer trinken Kaffee, die Verkäuferin wirkt müde. Langsam dämmert es.

Ihr wird kalt. Sie ist die Einzige, die hier auf den Bus wartet.

Auf einmal spürt sie jemanden neben sich. Die Verkäuferin ist aus dem Geschäft auf den Gehsteig gehuscht und hält ihr, die vor Kälte zittert, einen Pappbecher, aus dem es dampft, entgegen.

„Für Sie ... Tee", sagt die Verkäuferin mit einem Lächeln.

Sie sieht die Verkäuferin erstaunt an, nimmt verwundert den Becher und sagt entgeistert: „Danke".

Sie wartet noch eine ganze Weile auf den Bus, aber irgendwann während des Wartens macht es „klick".

★★★

Wir verlernen das Warten,
aber unsere Erwartungen schwellen stetig an.
Herr,
gib uns die innere Weite,
durch dieses Nadelöhr zu gehen.

Los

Ein Shopping-Samstag im Advent. Eine U-Bahnstation. Ständiges Ankommen und Abfahren. Überall Menschen, die sich – selbst zu Zügen geworden – durch die Station schlängeln. Ich stehe etwas abseits, weil ich auf jemanden warte. So bin ich leichter zu finden und die Menschen kann ich auch gleich besser beobachten. Wie zum Beispiel eine Mutter, die an ihrer Hand ein laut weinendes Kind durch die Menschenmenge ins Freie zerrt. Doch das Kind wird immer lauter. Da schreit die Mutter es hysterisch an: „Was ist los!?" Und das Kind weint noch mehr. Als wolle es antworten: „Warum muss denn immer was *los* sein? Vielleicht sitzt ja etwas in mir *fest*."

Ich stehe da, schweige und denke mir nur: Was soll das Kind mit dieser Frage anfangen? Warum agiert die Mutter so hysterisch?

Das ist nämlich keine Hysterie, die aus einer grundsätzlichen Überforderung kommt, nein, das ist eine Hysterie aus Inakzeptanz. Sie ist Ausdruck einer elementaren und ganz und gar nicht situationsbedingten Verweigerung, die Art und Weise eines anderen Menschen, in diesem Fall des eigenen Kindes, zu akzeptieren.

Ich betrachte das Kind, die Mutter, die Menschen rundherum und frage mich: Wenn schon eine Mutter das Weinen ihres Kindes nicht akzeptiert, wie sollen wir alle zusammenleben können?

Um eine Miteinanderwelt zu gestalten, gilt es den Mut aufzubringen, sich für die Anderen zu öffnen. Ich muss ja andere Menschen nicht gleich von Grund auf verstehen. Es reicht doch schon, sie so zu akzeptieren, wie sie sind. Das ist das Fundament jeglichen Zusammenlebens – wir sind zwar alle Menschen, aber jeder Mensch ist anders. Das ist es ja auch, was wir zu Weihnachten feiern: die Geburt eines Menschen, der anders war und doch wie wir.

★★★

Herr,
ist es Resignation:
am Zustand, am Weg unserer Welt zu verzweifeln?
Herr,
ist es Kapitulation:
keinen Ausweg sehen zu können?
Herr,
hilf mir, eine Antwort zu finden.

Verständnis

Täglich überfluten uns Nachrichten von Mord, Krieg und anderen Verbrechen. Wie oft fragen wir uns dann: Gibt es einen Gott? Und wenn es einen Gott gibt, warum lässt er das alles zu?

Auch im Advent ist vom weltumspannenden Frieden wenig zu spüren. Und wir fragen uns: Wo ist denn Jesus jetzt? Wo ist denn der Retter, der Messias, der Herr, dessen Geburt wir bald feiern? Wo ist denn das Christkind?

Wenn mich diese Fragen quälen, greife ich immer zu einem Buch, von dem ich nicht mehr weiß, wie es eigentlich in meinen Besitz gekommen ist: *Auf Weihnachtn zua* von Johann Staffenberger. Dieses Buch enthält Worte, die mich dem Begreifen von Weihnachten jedes Mal, wenn ich sie lese, ein bisschen näher bringen: „[...] das liebe Christkind [...] is überall durt, wo ma den andern versteht."*

---

* Johann Staffenberger: Auf Weihnachtn zua. Gedichte zur Advent- und Weihnachtszeit. Atzenbrugg: Volkskultur Niederösterreich 2003, S. 30.

Diese einfachen und umso eindringlicheren Worte in Weinviertler Mundart sind für mich nicht mehr und nicht weniger als eine Maxime für menschliches Zusammenleben. Das Christkind ist dort, wo man den anderen versteht. – Ein zutiefst christlicher Gedanke. Ein Postulat der Nächstenliebe und der Mitmenschlichkeit. Das Christkind als Bild für die Sehnsucht eines jeden Menschen nach Akzeptanz und Frieden.

***

Was ist der Mensch,
dass du an ihn denkst,
des Menschen Kind,
dass du dich seiner annimmst?
(Psalm 8,5)

Der Mensch ist dein, Herr.

Familie

Wie oft hören wir, dass Weihnachten zu einer kapitalistischen Geschenke-Orgie verkommen sei! Wie oft hören wir, es käme doch nur auf die Familie an! Das Wichtigste sei, an Weihnachten bei seiner Familie zu sein.

Doch dadurch werden Erwartungshaltungen geschürt und konstruiert, die unmöglich zu erfüllen sind. Allgemeine familiäre Zufriedenheit, ungetrübtes Familienglück sollen innerhalb weniger Stunden gelebt werden, ohne sich aufzubauen, ohne zu entstehen. Das Glück, der Frohsinn sollen einfach da sein und dann – ja, und dann?

Denkt man an Caspar, Melchior und Balthasar, ist Weihnachten ohne Frage ein Fest der Geschenke. Denkt man an Maria, Josef und Jesus, ist Weihnachten natürlich ein Fest der Familie. Aber die Herbergssuche und die Geburt Jesu haben nichts mit dem Familienweihnachtswahnsinn zu tun, den wir zelebrieren müssen, weil man zu Weihnachten eben bei seiner Familie ist, weil man zu Weihnachten nicht allein sein soll. Das gehört sich nicht – zu Weihnachten muss man glücklich sein. Und das kann man allein nicht. Wie uns so viele Kitschweihnachtslieder und -geschichten suggerieren.

Zu Weihnachten muss Familie konsumiert werden. Zu Weihnachten allein zu sein ist ein Sakrileg. Das Schlimmste überhaupt. Nicht auszudenken.

Doch genauso wenig wie Weihnachten nur ein Fest der Geschenke ist, ist es nicht nur ein Fest der Familie. Wenn man zu Weihnachten nicht nur die Geschenke feiert, die man bekommt, sondern auch tatsächlich die Geburt von Jesus, ist das eine sehr inwendige Angelegenheit. Eine Sache zwischen Gott, Jesus und einem selbst. Dann ist Weihnachten ein Alleinsein. Mit Gott.

***

Herr,
ich bin allein,
aber ich bin nicht einsam.
Nur manchmal fühle ich mich einsam.
Ich weiß, das muss so sein,
damit ich nicht vergesse:
Du bist da.

Abseits der Glitzerwelt

Ich liebe es, im Advent abends durch die weihnachtlich beleuchtete Stadt zu spazieren. Ich liebe den Kitsch des Lichterglanzes und der bunten Schaufenster. Kurz: Ich bin ein Glitzerwelt-Fan.

Aber die Glitzerwelt ist nicht groß. Geht kaum über die Länge einer Einkaufsstraße hinaus. Ein paar Schritte neben dem Weg, und schon befindet man sich im Abseits. So begegnete ich einmal einem Obdachlosen am Ende einer Einkaufsmeile. Er lag auf einer Bank am Rand eines Parks. So gut es ging in eine alte Decke und Zeitungspapier gewickelt, machte er sich zum Schlaf bereit.

Ich ging an ihm vorbei. Mir war schon kalt, außerdem hatte ich Geschenke gekauft, die ich noch einpacken wollte.

Wie hätte ich dem Obdachlosen helfen sollen? Was hätte ich tun können? Brauchte er überhaupt Hilfe?

Fragen, die ich mir immer noch stelle. Ich sehe ihn noch genau vor mir. Aber diese Fragen helfen auch nicht weiter. Solche Fragen sind nur Ausdruck von Angst. Angst, auf andere Menschen zuzugehen, Angst vor zwischenmenschlicher Berührung. Angst, etwas falsch zu machen. Doch das Einzige, das man falsch machen kann, ist: sich nur Fragen zu stellen und nichts zu tun.

***

Sie kamen nach Jericho. Als er mit seinen Jüngern und einer großen Menschenmenge Jericho wieder verließ, saß an der Straße ein blinder Bettler, Bartimäus, der Sohn des Timäus. Sobald er hörte, dass es Jesus von Nazaret war, rief er laut: Sohn Davids, Jesus, hab Erbarmen mit mir! Viele wurden ärgerlich und befahlen ihm zu schweigen. Er aber schrie noch viel lauter: Sohn Davids, hab Erbarmen mit mir! Jesus blieb stehen und sagte: Ruft ihn her! Sie riefen den Blinden und sagten zu ihm: Hab nur Mut, steh auf, er ruft dich. Da warf er seinen Mantel weg, sprang auf und lief auf Jesus zu. Und Jesus fragte ihn: Was soll ich dir tun? Der Blinde antwortete: Rabbuni, ich möchte wieder sehen können. Da sagte Jesus zu ihm: Geh! Dein Glaube hat dir geholfen. Im gleichen Augenblick konnte er wieder sehen, und er folgte Jesus auf seinem Weg. (Markus 10,46–52)

Wie viele sitzen wie Bartimäus am Straßenrand und betteln?
Wie oft gehen wir an ihnen vorbei in selbst gewählter Blindheit?

Wie laut rufen sie uns, taub und stumm geworden von unserer Blindheit?
Wie Bartimäus brauchen auch sie Jesus.
Und Jesus braucht uns.
Weil sie uns brauchen.

Eine Antwort

Vom Schreiben allein kann ich nicht leben. Aus diesem Grund arbeitete ich unter anderem in einem sozialen Verein bei „Essen auf Rädern". In den vielen Jahren dieser Tätigkeit begegnete ich den verschiedensten Menschen. Obwohl es nur ein Teilzeitjob war, war es eine fordernde Arbeit. In drei Stunden mussten durchschnittlich fünfzig Menschen beliefert werden. Fünfzig Menschen, das heißt auch: fünfzig unterschiedliche Lebensläufe, Lebenskonzeptionen und Existenzformen, die jeden Tag aufs Neue das eigene Dasein herausforderten.

Zu vielen Klientinnen und Klienten baute ich eine persönliche Beziehung, manchmal auch eine Bindung auf. Ich habe viele Gespräche geführt, die einfach „nur" Freude bereiteten, und viele, die ans Eingemachte gingen. Oftmals fungierte ich als „Seelsorger", als Tröster in schweren Momenten. Momenten, von denen ich wusste, dass sie den ganzen Tag andauern würden.

Dieses Wissen ließ mich Herausforderungen annehmen, die manchmal zu emotionaler Überforderung führten. So wünschte ich einmal einer Klientin, mit der ich mich sehr gut verstanden hatte, „Frohe Weihnachten", obwohl ich wusste, dass sie erst vor einigen Wochen ihren Sohn verloren hatte. Postwendend antwortete sie mir: „Weihnachten!? Scheiß auf Weihnachten!" Das saß. Was sollte ich darauf sagen? Ihre Aussage passte nicht in mein Advents- und Weihnachtskonzept. Sollte ich mich entschuldigen? Sollte ich das eben Gesagte einfach übergehen und mich verabschieden? Schließlich entschied ich mich, ihr zu antworten. Ich weiß nicht mehr genau, was ich sagte. So etwas wie: „Trotzdem alles Gute" wahrscheinlich. Ich war irritiert und fühlte mich irgendwie hilflos.

Genauso hilflos wie jedes Mal, wenn mir die Frage gestellt wurde: „Warum kann ich nicht sterben?"

Die absolute Negation des Weihnachtsfestes aus einer tiefen Schicksalswut heraus war nichts anderes als die Frage danach, warum man als Mensch überhaupt auf der Welt ist. Es verbarg sich dahinter die gleiche Wut und Angst. Die gleiche Resignation. Da konnte ich als junger Mensch, auch als glaubender junger Mensch, nur irritiert und hilflos sein.

Mir fällt diese Frau oft ein. Es tut mir immer wieder leid, dass ich damals nicht mit mehr Empathie reagiert habe. Denn ihr „Scheiß auf Weihnachten" war schlicht und ergreifend ehrlich. Und Ehrlichkeit kann manchmal sehr irritieren. Was aber letztendlich gut ist. Denkt man an vorgespielte Freude über Weihnachtsgeschenke, die einfach nicht gefallen, oder an Heilig-Abend-Familienselig-

keit, die nur durch oberflächliches Geplauder aufrecht-
erhalten werden kann, dann wird einem klar, wie viel
Unehrlichkeit oft mit Weihnachten verbunden ist. Und da
war die ehrliche Reaktion der alten Dame doch weih-
nachtlicher als jede Scheinheiligkeit.

***

Meine Seele ist tief verstört.
Du aber, Herr, wie lange säumst du noch?
Ich bin erschöpft vom Seufzen,
jede Nacht benetzen Ströme von Tränen mein Bett,
ich überschwemme mein Lager mit Tränen.
(Psalm 6,4 und 6,7)

Viele fragen:
„Warum kann ich nicht sterben?"
Warum? Weil sie das immer wieder fragen?
Herr,
schenke ihnen die Langmut, die sie brauchen,
und eine Stimme,
um sich und dich zu hören.

Fremd

Moderne Sakralbauten lösen in mir auf den ersten Blick beziehungsweise beim ersten Betreten meist ein Gefühl von Fremdheit aus. Unweit der Universität, an der meine Freundin studiert hat, befindet sich eine in den 1960er Jahren errichtete Kirche. Ein schlichter, rechteckiger Bau mit freistehendem Glockenturm. Am Rand einer weitflächigen Plattenbausiedlung gleich neben der Autobahn.

Hin und wieder, wenn ich meine Freundin von der Uni abholte, schaute ich vorher in der Kirche vorbei. Für gewöhnlich bei Tageslicht. Doch ich fühlte mich nie sonderlich wohl in dem kargen, hohen Raum. Bis ich einmal an einem Abend im Advent die Kirche betreten hatte. Es war eiskalt und finster. Von draußen war der gedämpfte Lärm der Autobahn zu hören. Durch ein Fenster beim Altar schien das fahle Licht einer Straßenlaterne herein. In der Kirche war nur das elektrische Licht in der Apsis an, das ein barockes Holzkreuz mit einer Christusfigur vor

rotbrauner Blendziegelwand beleuchtete. An einer Seiten-
wand brannte zu Füßen einer bronzefarbenen Marienstatue
ein einsames Opferlichtlein. Mehr Licht gab es nicht.
Mehr Licht brauchte es nicht. Ich fühlte mich sicher. Mir
war nicht mehr kalt. Ich bewegte mich auf die Apsis zu
und betrachtete den ans Kreuz geschlagenen Christus.
Seine Augen waren geschlossen, aber ich hatte nicht den
Eindruck, dass es Todesschlafaugen waren. Es waren wa-
chende Augen, die mich, die die ganze Welt ansahen. Es
waren die Augen eines, der gelitten hatte, und zugleich
waren es die Augen eines Neugeborenen.

„Die Mysterien des Christentums sind ein unteilbares
Ganzes. Wenn man sich in eines vertieft, wird man zu allen anderen hingeführt. So führt der Weg von Betlehem
unaufhaltsam nach Golgatha, von der Krippe zum
Kreuz."*

Ich ging näher zu der Marienfigur. Die kleine Opfer-
kerze spendete ihr nicht weniger Licht als die elektrische
Beleuchtung dem Kreuz in der Apsis.

Maria stand vor mir nicht als Jungfrau oder Mater Do-
lorosa. Maria stand vor mir als Magd des Herrn, die alles,
was geschehen war – die Verkündigung, die Heimsu-
chung, die Geburt – in ihrem Herzen bewahrte – genauso
wie das Leiden und den Tod ihres Sohnes.

„Als die heiligste Jungfrau das Kind zum Tempel trug,
da ward ihr geweissagt, dass ihre Seele ein Schwert durch-
dringen werde, dass dieses Kind gesetzt sei zum Fall und

---

* Sr. Teresa Benedikta a Cruce (Edith Stein): Das Weihnachtsgeheim-
nis. Köln: Karmel Maria v. Frieden 1991, S. 15.

zur Auferstehung vieler, zum Zeichen, dem man widersprechen würde. Es ist die Ankündigung des Leidens, des Kampfes zwischen Licht und Finsternis, der sich schon an der Krippe zeigte."*

Und dessen Geschichte mir an diesem Abend im Advent in einer Kirche an der Autobahn am Stadtrand erzählt wurde. Einer modernen Kirche, die mir seither gar nicht mehr fremd ist.

★★★

Sich Neuem nicht verschließen,
dem Fremden Raum geben.
Das ist eine der Botschaften des Kindes in der Krippe.
Mehr noch: Diese Botschaft *ist* das Kind in der Krippe,
der Mann am Kreuz.

---

* Ebd.

Stille Einkehr

Die letzten Wochen voller Termine zollen ihren Tribut. Kaum ein freier Tag, viele Lesungen und auch sonst einiges unter den Hut zu bringen. Ich fühle mich erschöpft und an der Grenze meiner Leistungsfähigkeit. Ich sollte noch arbeiten, an einem Vortrag im Jänner, an Texten, den Haushalt überholen, bevor er mich überholt. Aber es geht nichts mehr heute. Ich setze mich in mein Auto und fahre ein paar Minuten zu einem jüdischen Friedhof, für den sich kaum jemand interessiert. Er liegt umgeben von Einfamilienhäusern in einer Rasterplansiedlung. Ich betrete ihn in der Hoffnung, etwas Ruhe zu finden. Nicht leicht. Man gönnt ja nicht einmal dem Friedhof Ruhe. Flugzeuge brummen, Autos dröhnen, die Straßenlaternen leuchten mit dem Lichterschmuck an den Häusern um die Wette über die Friedhofsmauer hinweg.

Ich gehe ein paar Schritte. Es ist nicht zu kalt und das Gras ist weich. Das Laub, das Teile des Bodens bedeckt, ebenso. Mit jedem Schritt werde ich ruhiger. Die blätterlosen Bäume stehen und schweigen. Wie auch die verfallenden Grabsteine mit ihren verblassenden Inschriften. Müde stehen sie da. Aber nicht mutlos. Sie wissen, dass sie sterben werden.

Ich berühre einen Stein. Gar nicht so kalt, wie ich dachte. Ich versuche runterzukommen. Wovon, weiß ich eigentlich selbst nicht. Ich betrachte die Steine, die auf dem Gras-Laub-Boden ruhen. Man gönnt zwar dem Friedhof keine Ruhe mit all dem Ringsumlärm. Aber dem Totenacker ist das gleich, wie mir scheint. Er ruht in sich. Ein Fried-Hof im wahrsten Sinn des Wortes.

Ich würde noch gerne bleiben, aber ich habe das Gefühl, ich sollte diesen Ort nun für sich lassen. Wie mich auch.

★★★

Ruhen oder relaxen?
Relaxen bringt's.
Kurzfristig.
Ruhen kann aber auch sehr wehtun,
man öffnet sich –
für sich.
Ruhen wirkt.
Lebenslänglich.

Erwartung

Das Weihnachtsfest beginnt für mich eigentlich schon am Abend des 23. Dezember. Dann stehe ich am Bahnhof und warte auf zwei liebe Freundinnen, zwei Schwestern, die 700 Kilometer entfernt leben und jedes Jahr Weihnachten mit ihrer Mutter verbringen. Die Erwartung, die beiden zu sehen, ist immer wieder größer als die Vorfreude auf den Heiligabend. Schon Tage vor dem 23. Dezember freue ich mich, sie vom Bahnhof abzuholen. Und dann stehe ich endlich am Bahnhof, lange vor der Ankunft des Zuges, und warte. Erwarte. Es ist einfach schön und macht glücklich, am Bahnhof oder am Flughafen auf jemanden zu warten, auf dessen Wiedersehen man sich freut – und umgekehrt. Besonders gerne warte ich am Abend des 23. Dezember. Ich gehe den Bahnsteig auf und ab. Dunkelheit hüllt das hell erleuchtete Bahnhofsgelände ein. Es fällt mir schwer zu beschreiben, wie ich mich fühle, wenn ich warte.

Die Wiederbegegnung mit meinen Freundinnen ist da schon fassbarer. Nachdem der Zug eingefahren ist, halte ich Ausschau nach ihnen. Meistens ist der Zug vollbesetzt, und dementsprechend schwer gestaltet sich die Suche im Menschenmeer. Doch bald sehe ich die zwei. Sie winken mir, und ihr herzliches Lächeln strahlt mir entgegen. Sie in der Menge auszumachen, sie zu sehen, ihnen zu begegnen, das ist, als sähe ich einem lieben Menschen zu, der das Geschenk auspackt, das ich ihm gerade überreicht habe, und sich weniger über den Inhalt freut als über die Tatsache, dass er beschenkt wurde. Der erste nahe Augenkontakt, der Begrüßungskuss, die ersten Worte, das fühlt sich schließlich an wie die Freude über das Geschenk an sich. Nur weiß ich nicht mehr, wer der Schenkende und wer der Beschenkte ist.

Nachdem wir uns begrüßt und das Gepäck in mein Auto verladen haben, bringe ich die beiden zu ihrer Mutter nach Hause, wo wir immer noch fröhliche Stunden verleben, die der schönste Vorklang sind, den ich mir für den Heiligabend nur wünschen kann.

★★★

Während Erwartungshaltungen,
selbstlaufend,
sich überlagern und zu einem
Wünschebabel türmen,
erfüllt eine Erwartung sich immer:
DEINE Ankunft.

Frei

Heilig-Abend-Morgen. Es ist noch dunkel. Es ist noch sehr ruhig. Wenige Autos auf den Straßen, kaum Fußgänger unterwegs. Ich gehe zur Straßenbahnhaltestelle. Heute ist mein letzter Arbeitstag in diesem Jahr. Doch selbst wenn ich morgen arbeiten müsste: Ich fühle mich leicht. Ich gehe zur Arbeit, denselben Weg wie immer. Aber ich gehe *meinen* Weg zur Arbeit. Ich fühle mich frei. In der Dunkelstille dieses Heilig-Abend-Morgens fühle ich mich so frei, wie ich es in keinem Urlaub der Welt je sein könnte. Und dieses Gefühl ist mein erstes Weihnachtsgeschenk heute.

***

Herr,
du sagst mir:
Geh deinen Weg –
egal was es kostet,
denn der Preis,
den du zahlen musst,
wenn du deinen Weg verlässt,
ist immer höher, als ihn zu gehen.
Herr,
gib mir die Kraft
für meinen täglichen Weiterweg.

Bäume und Beton

Christtag. Im Hinterhof meines Wohnblocks liegen bereits vier Christbäume. Ein paar Lamettafäden sind noch dran, sonst wurde ihnen aller Schmuck genommen. Ihr Anblick stimmt mich traurig. Ich frage mich, ob diese Bäume auch wirklich Christbäume waren und nicht nur Haltevorrichtungen für Süßigkeiten und Tand. Wie auch immer – spätestens jetzt, im Hinterhof auf dem Beton liegen gelassen, sind sie Christbäume.

***

Im Angesicht eines Ozeans,
eines Berges,
eines Baumes,
eines Weizenkorns,
eines Kinderlachens
bleibt einem nur
ein inwendiger Kniefall vor Gott.
Dem Gott,
der auch ein Gott
der Hinterhöfe,
der Seitengassen,
der Armut
und immer ein Gott des Trostes ist.

Der Himmel offen

I.

erfüllt vom Heiligen Geist
blickte zum Himmel empor
sah die Herrlichkeit Gottes
rief: Ich sehe den Himmel offen

Stephanus musste sterben dafür.

erhoben sie ein lautes Geschrei
hielten sich die Ohren zu
stürmten gemeinsam auf ihn los
trieben ihn zur Stadt hinaus
und steinigten ihn

Wie oft hat sich das seither schon wiederholt?
Mit geschlossenen und offenen Ohren?

2.

Die vergangenen zwei Tage wurde die Geburt dessen gefeiert, für den Stephanus starb.

Heute, nachdem wir die Geburt Jesu gefeiert haben, ge-
denken wir nun Stephanus' Tod.

So wie Jesus immer wieder geboren wird in uns, wird
Stephanus immer wieder hingerichtet von uns.

3.

Weihnachten – ein Fest des Lebens, ein Fest des Todes.

Weihnachten – der Versuch, in der Geburt von Jesus
Christus und im Tod von Stephanus die Tragweite des
Christentums zu begreifen.

★★★

Die Ohren nicht verschließen –
und den Himmel offen sehen.

Hinter sich

27. Dezember. Im Supermarkt. Eine der Verkäuferinnen ruft einem Ehepaar, offenbar Stammkunden, leutselig zu: „Na, haben Sie alles überstanden? Haben Sie die Feiertage gut hinter sich gebracht?"

Die Antwort will ich gar nicht hören.

„Haben Sie alles überstanden?"

„Haben Sie die Feiertage gut hinter sich gebracht?"

Das wird man meistens von denen gefragt, die immer wissen wollen, ob man sich vor Weihnachten „eh noch sieht".

„Haben Sie alles überstanden?"

„Haben Sie die Feiertage gut hinter sich gebracht?"

Diese meist humorvoll gemeinten Phrasen machen mich traurig, tun mir weh. Sie führen nicht nur das Weihnachtsfest ad absurdum, sondern das ganze menschliche Dasein.

„Haben Sie alles überstanden?"

„Haben Sie die Feiertage gut hinter sich gebracht?"

Warum bauen so viele ihr Leben darauf auf, immer alles hinter sich haben zu müssen – auch Weihnachten?

Man arbeitet und arbeitet, freut sich auf ein paar freie Tage, freut sich, das Arbeitsjahr bald geschafft, ja vielleicht hinter sich zu haben, und dann muss man auch noch die Feiertage hinter sich bringen, überstehen. Ein Feier-Tag ist doch ein Anlass zur Freude. Und gerade Weihnachten ist keine Feier, die man über sich ergehen lässt wie eine Firmenweihnachtsfeier. Auch wenn Traditionen oft schwer nachzuvollziehen und Konventionen oft noch schwerer übergangen werden können.

Es geht hier auch gar nicht zwingend um Religion. Es geht vielmehr um die Frage: Teile ich mein Leben mit anderen? Letztlich um ein Miteinander oder ein Neben- beziehungsweise Gegeneinander. Es geht um ein Einander-Verstehen, denn nach dem Weihnachtsfest ist vor dem Weihnachtsfest. Aber es geht nicht darum, das Spiel der Konventionen in Gang zu halten.

„Im sechsten Monat wurde der Engel Gabriel von Gott in eine Stadt in Galiläa namens Nazaret zu einer Jungfrau gesandt. Sie war mit einem Mann namens Josef verlobt, der aus dem Haus David stammte. Der Name der Jungfrau war Maria. Der Engel trat bei ihr ein und sagte: Sei gegrüßt, du Begnadete, der Herr ist mit dir. Sie erschrak über die Anrede und überlegte, was dieser Gruß zu bedeuten habe. Da sagte der Engel zu ihr: Fürchte dich nicht, Maria; denn du hast bei Gott Gnade gefunden. *Du wirst ein Kind empfangen, einen Sohn wirst du gebären: dem sollst du den Namen Jesus geben.* Er wird groß sein und Sohn des Höchsten genannt werden. Gott, der Herr, wird ihm *den Thron* seines Vaters *David* geben. Er wird über das Haus Jakob *in Ewigkeit* herrschen, und *seine Herrschaft* wird kein Ende haben.

Maria sagte zu dem Engel: Wie soll das geschehen, da ich keinen Mann erkenne?

Der Engel antwortete ihr: Der Heilige Geist wird über dich kommen, und die Kraft des Höchsten wird dich überschatten. Deshalb wird auch das Kind heilig und Sohn Gottes genannt werden. Auch Elisabet, deine Verwandte, hat noch in ihrem Alter einen Sohn empfangen; obwohl sie als unfruchtbar galt, ist sie jetzt schon im sechsten Monat. Denn *für Gott ist nichts unmöglich.* Da sagte Maria: Ich bin die Magd des Herrn; mir geschehe, wie du es gesagt hast. Danach verließ sie der Engel" (Lukas 1,26–38).

Das Leben Jesu, des Königs ohne Palast, des Retters, der kurz nach seiner Geburt in einer Krippe lag, weil in der Herberge kein Platz für ihn und seine Familie war, dieses Leben begann ziemlich unkonventionell. Warum wurde sein Geburtstagsfest zu einem Müssen, einem Drängen, das man hinter sich haben möchte? Das man nicht begeht, sondern überstehen will? Warum haben wir aus lebendigen Traditionen starre Konventionen gemacht?

***

Sich bewusst werden:
Weihnachten ist das Fest einer Geburt.
Es ist das größte Geburtstagsfest der Welt.
Sich bewusst werden:
Ich habe auch einen Geburtstag.
Sich besinnen:
Ich wurde geboren.
Sich sagen:
Ich wurde geboren. In diese Welt.
Sich bewusst sein:
Ich bin hier.
Sich bewusst sein:
ICH BIN.

Neujahr

1. Jänner. Gegen acht Uhr abends. Ich sitze in einem schä-
bigen Vorstadtgasthaus. Ein Resopal-Eldorado, in dem es
nichts zu essen gibt. Der Verzehr der Gäste beschränkt sich
auf Alkoholika. Es wird gefeiert, als wäre erst heute Silvester. Ich trinke Cola. Ich sitze in Zigarettenrauchschwa-
den vor dem Manuskript des Buches, das Sie gerade lesen,
und korrigiere es. Ich liebe zwar alte, abgelebte Wirtshäu-
ser, aber eine Saufbude wie diese habe ich noch nie aufge-
sucht.

Ich vertreibe mir die Zeit, weil ich auf meine Freundin
warte, die hier in der Nähe arbeitet, und ich sie abhole. Als
ich vor einer halben Stunde hereinkam, fühlte ich mich
ein bisschen unwohl. Hatte vielleicht sogar ein wenig
Angst. Dachte, was denken die hier wohl, wenn ich gleich
meine Zettel auspacke und zu schreiben beginne? Doch
mein Unwohlsein und meine Ängstlichkeit waren überhaupt nicht nötig. Der Wirt, ein Ruhepol mit weißer

Schürze, nahm meine Bestellung auf. Ein Mann in Arbeitskluft fragte höflich und mit sanft lächelnden Augen, ob er seine Jacke am Haken neben mir aufhängen könne. Ein anderer Mann, der das Lokal verließ, wünschte allen ein gutes neues Jahr, sah mich an und wünschte auch mir alles Gute.

Am Nebentisch sprechen gerade zwei Männer über ihre Frauenbeziehungen. Etwas ungehobelt und nicht besonders reflektiert, dafür umso ehrlicher und unverkrampfter.

Es tut gut, diese Menschen um mich zu haben. Ob wir ein Glas Wein nach dem anderen leeren oder an einer Cola herumschlürfen, ob wir an einem Feiertag wie Neujahr einfach Spaß haben wollen und uns mit anderen einen hinter die Birne kippen oder ob wir an Manuskripten Korrekturen vornehmen – egal was wir alle tun: Wir brauchen keine Angst zu haben voreinander.

★★★

Fremd sein und fremd bleiben –
dagegen anzuleben:
immer ein neuer Aufbruch,
jedes Mal eine große Chance.

6. Jänner

Nie wurde in meinem Elternhaus der Christbaum schon am 6. Jänner entschmückt. Bis zum 2. Februar, Mariä Lichtmess, haben wir es aber, glaube ich, nur einmal geschafft. Zu traurig war der Anblick des ausgetrockneten, immer mehr Nadeln lassenden Baumes schon lange vor diesem Tag.

Bis heute ist mir das Abschmücken des Baumes ein befremdlicher Akt. Nicht weil ich zu faul wäre, diese Arbeit zu verrichten. Nein, es ist das Abschiednehmen vom Baum, der doch einige Wochen unser Gast war. Jedes Jahr aufs Neue ist der Baum anfänglich ein Fremdkörper, doch kaum ist er erleuchtet, wird er zu einem trauten Fixpunkt im Haus, den ich mir gar nicht mehr wegzudenken vermag. Und dann muss er weg. Ist plötzlich nicht mehr da. Und mir wird weh zumute.

Als ich heute nach dem Abschmücken auf den leeren Fleck sah, wo gerade noch eben der Christbaum – der zugegebenermaßen in den letzten Tagen an seinem Schmuck schon schwer zu tragen hatte – gestanden war, fiel mir plötzlich eines meiner Lieblingsweihnachtslieder aus Kindertagen ein: *Kling, Glöckchen, klingelingeling.* Ich musste an die Textzeilen denken, in denen das Christkind um Einlass bittet:

„Lasst mich ein, ihr Kinder,
ist so kalt der Winter,
öffnet mir die Türen,
lasst mich nicht erfrieren!“

Ich schaute auf die leere Stelle und der Christbaum wurde mir zu einem Symbol für Jesus, den wir am Heiligabend in unser Haus bitten. Christus als stiller, aber stets daseiender, mit uns lebender Gast, der mitunter auch viel Platz im Haus beansprucht. Ein Gast, der herausfordert, mit ihm umzugehen. Und dann wird er einfach entfernt. Dass Mariä Lichtmess, das Fest der Darstellung des Herrn beziehungsweise der Einführung Jesu in den Tempel, mit dem Entschmücken und Beseitigen des Christbaumes zusammenfällt, wirkt, aus diesem Blickwinkel betrachtet, ziemlich unpassend. Aber irgendwie passt es auch wieder zu Jesus, diesem „Zeichen, dem widersprochen wird“, wie es bei Lukas heißt.

Ich schaute lange auf die Stelle, wo nun kein Christbaum mehr stand, und dachte mir, es ist schon gut so, dass unser Gast auch diesmal nicht bis Mariä Lichtmess durchgehalten hat. Vielleicht ist sein „frühzeitiger Abgang“ ein Zeichen, dass wir ihn nicht vergessen sollen.

***

„... er wird ein Zeichen sein,
dem widersprochen wird" (Lk 2,34).

Jesus,
du forderst uns heraus zum Widerspruch,
bist Widerstand und Konsequenz.
Damit wir glauben, hoffen, lieben.

Nachwort

Heute ist der 7. Jänner 2013. Es ist zwei Uhr nachmittags. Vor genau einem Monat saß ich beinahe zur gleichen Uhrzeit vor meinem Laptop und schrieb den Text *Suche*. Eine gute Freundin hatte mich gebeten, bei der Präsentation meines Weihnachtsbuches *Trotzdem ans Christkind glauben* etwas über ihre derzeitige eheliche Situation einzuflechten. Es sei ihr sehr wichtig, versicherte sie mir. Ich begriff: Es war ein therapeutischer Akt für sie. Ich überlegte nicht lange, was ich sagen sollte, sondern setzte mich hin und begann *Suche* zu schreiben. Am Abend bei der Buchpräsentation trug ich den Text vor. Meine Freundin war bewegt und dankbar.

Ich bin ihr genauso dankbar, denn ohne es zu wissen, schrieb ich mit *Suche* an einem neuen Weihnachtsbuch. Obwohl ich das gar nicht vorhatte. Zumal ich ja gerade dabei war, ein Buch mit Winter- und Weihnachtstexten unter die Menschen zu bringen. Aber schon am Tag nach der Präsentation ging es mit dem Schreiben weiter. Ich konzipierte nicht. Schrieb einfach drauflos. Der einzige Punkt, den ich nicht aus den Augen verlieren wollte, war: Es sollte ein Adventsbuch werden, das den christlichen Gehalt des Weihnachtsfestes zum Ausdruck bringt. Ich bin kein Theologe, aber der Glaube hat einen wichtigen Stellenwert in meinem Leben und mir schon oft durch dunkle Zeiten geholfen. Dieses Buch ist mitunter auch der Versuch, danke zu sagen und etwas von meinen Glaubenserfahrungen weiterzugeben. Bei meiner Firmung vor zwei Jahren habe ich versprochen, religiöse Themen in meine künstlerischen Projekte einfließen zu lassen. Kein leicht einzulösendes Versprechen. Das merkte ich auch beim Schreiben.

Ich habe bereits einige Bücher veröffentlicht, aber die Arbeit an diesem Begleitbuch durch den Advent war einer der intensivsten, inwendigsten Schreibprozesse, die ich bisher erfahren hatte. Das Schreiben an diesem Buch wurde *mein* Begleiter durch die Adventszeit. Die Auseinandersetzung mit meinem Glauben, mit der christlichen Botschaft von Weihnachten war ein einmonatiger Tieftauchgang in meine Seele, meine Gedanken und Gefühle. Viele Texte schrieben sich wie von selbst. Oft musste ich mich zur Ruhe zwingen, um nicht vorschnell und überhastet zu arbeiten. Ab und zu reichte es, mich an den Schreibtisch zu setzen und der Feder freien Lauf zu lassen. Dann gab es Tage, an denen ich wusste: Heute finde ich keine Worte. Ich sah mir meine Notizen durch und fragte mich: „Wo sollen diese Notizen hinführen? Da fehlt so Vieles! Wo soll noch etwas herkommen? Soll ich die Ideen vielleicht in der Arbeit oder beim Einkaufen im Supermarkt aufspüren?" Wie sich herausstellte: Ja. Und nein. Denn: Ich brauchte nichts aufzuspüren. Ich wurde aufgespürt: in der Arbeit, im Supermarkt, beim Spazierengehen ... Advent war überall. Mir wurden Sätze und Situationen geschenkt, die mich sofort zum Notizheft greifen ließen. Ich musste sie nur wahrnehmen. Brauchte sie nur zuzulassen. Und was ich zuließ, war oft nicht leicht zu verdauen. Manches machte mich zutiefst traurig, aber wer sagt, dass Weihnachten immer lustig und fröhlich ist. Ich war ja auch nicht gerade der Inbegriff von Ausgelassenheit, als ich an diesem Buch schrieb. Für meine Partnerin waren meine Ungeduld, mein Schreibdrang, mein Schweigen und meine Stille nicht leicht zu ertragen. Dafür möchte ich mich entschuldigen. Ich hätte mit ihr mehr über mein Buch sprechen sollen, aber ich rede nie sonderlich viel über mein Schreiben. Doch miteinander reden ist so wichtig wie die Luft zum Atmen. Nur wenn man miteinander spricht, kann man gehört werden. Und wer gehört wird, kann auch zuhören. Der Partnerin, dem Partner, den Kindern, den Eltern, den Mitmenschen, Gott.

***

Herr,
du sprichst immer zu mir.
Oft will ich dich aber nicht hören.
Denn dir zuzuhören fällt nie leicht.
Schon gar nicht, wenn Deine Worte wehtun.

Die Bibeltexte sind entnommen der Einheitsübersetzung
der Heiligen Schrift © 1980 Katholische Bibelanstalt,
Stuttgart

Bibliografische Information der Deutschen Nationalbibliothek
Die Deutsche Nationalbibliothek verzeichnet diese Publikation
in der Deutschen Nationalbibliografie; detaillierte bibliografische
Daten sind im Internet über ‹http://dnb.d-nb.de› abrufbar.

© 2014 Echter Verlag GmbH, Würzburg
www.echter-verlag.de
Umschlag: Peter Hellmund, Würzburg (Foto: Volker Derlath)
Satz: Hain-Team (www.hain-team.de)
Druck und Bindung: CPI – Clausen & Bosse, Leck
ISBN 978-3-429-03733-8

Das besondere Buch zu Weihnachten

Eine Provokation, eine Herausforderung in Wort und Bild

Tygve Skogrand
Und er sucht Platz unter uns
Weihnachten ohne Baum und Krippe
72 Seiten mit 34 Farbbildern
und Texten von Andreas Knapp
24 × 24 cm · gebunden

ISBN 978-3-429-03770-3

Klassische Weihnachtsbilder von Rembrandt, Raffael, Fra Angelico und anderen werden in diesem außergewöhnlichen Bildband mit unseren alltäglichen Erfahrungen konfrontiert: in einer Einkaufspassage, an einer Bushaltestelle, einer Einfallstraße oder in einem Fastfood-Restaurant.

In dieser wechselseitigen Brechung wird Weihnachten als ein Geschehen erkennbar, in dem die Wärme und Barmherzigkeit Gottes in der Kälte und Härte unserer Welt aufscheint. Den Bildern sind Texte aus den Evangelien zu geordnet. Der bekannte Lyriker Andreas Knapp nimmt beides auf und erschließt in seinen Notizen die existentiell bedeutsame Seite der Weihnachtsbotschaft.

Tygve Skogrand
ist Norweger, Sohn eines
Pastors und Künstler.
Seine bevorzugten Themen
sind Religion und der
Mensch in seiner
Verletzlichkeit.

echter verlag
www.echter.de